MW01631357

To my Family
Moti, Lotem and Sahar

Published in the United States by Milk and Honey Press, LLC.
www.milkandhoneypress.com
Milk and Honey Press seeks to foster positive bonds between English-speaking families and Israel by publishing bilingual children's books with stories that take place in Israel.

ISBN 13 978-0-9790656-2-0
ISBN 10 -0-9790656-2-3

Printed in Israel by A. R. Printing Ltd.
www.ar-print.com

First bilingual edition.

Translation by Angelika Rauschning-Jamal.

Book design by Miri Leshem-Pelly.

10 9 8 7 6 5 4 3 2 1

Lon-Lon's Big Night הַלַּיְלָה הַגָּדוֹל שֶׁל לוֹן-לוֹן

Miri Leshem-Pelly מִירִי לֶשֶׁם-פֶּלִאי

Denver, Colorado

Somewhere in the Negev - the desert of Israel - a family of sand foxes has made its home.
The sand foxes live inside a burrow, dug in the ground, near a big acacia tree.
They sleep during the day and are awake at night.

It all started one evening, when the sun was setting.
“Lon-Lon dear, wake up,” called the pretty fox, Lon-Lon’s mother.
Little Lon-Lon opened his eyes, still sleepy, and looked at his mother’s face.
“What? Is it night already?”
“Yes, sweetheart. You slept all day, now it’s time to wake up.”
Lon-Lon stretched with a big yawn. “Come with me, Lon-Lon,” said Mom, “we are going outside.”
“Really?! OUTSIDE?” and immediately, Lon-Lon was wide-awake and rushed
from the burrow to the big world outside.

אֵי-שָׁם בַּנֶּגֶב – הַמִּדְבָּר שֶׁל יִשְׂרָאֵל – חַיָּה לָהּ מִשְׁפָּחָה שֶׁל שׁוּעֲלֵי חוֹלוֹת.
שׁוּעֲלֵי הַחוֹלוֹת מִתְגּוֹרְרִים בִּמְחִלָּה הַחֲפוּרָה בָּאֲדָמָה, לְיַד עֵץ שִׁטָּה גָּדוֹל.
הֵם יְשֵׁנִים בְּמֶשֶׁךְ הַיּוֹם וְעֵרִים בַּלַּיְלָה.

הַכֹּל הֵחֵל עֶרֶב אֶחָד, בִּזְמַן שְׁקִיעַת הַשֶּׁמֶשׁ.
"לוֹן-לוֹן חָמוּד, קוּם," קָרְאָה הַשּׁוּעָלָה הַיָּפָה, אִמּוֹ שֶׁל לוֹן-לוֹן.
לוֹן-לוֹן הַקָּטָן פָּקַח אֶת עֵינָיו, עֲדַיִן מְנֻמְנָם, וְהִבִּיט בְּפָנֶיהָ שֶׁל אִמּוֹ. "מָה, כְּבָר הִגִּיעַ הַלַּיְלָה?"
"כֵּן, חָמוּד, הַשֶּׁמֶשׁ כְּבָר שׁוֹקַעַת. יָשַׁנְתָּ כָּל הַיּוֹם, עַכְשָׁו הִגִּיעַ הַזְּמַן לָקוּם."
לוֹן-לוֹן פִּהֵק פִּהוּק רָחָב. "בּוֹא אַחֲרַי, לוֹן-לוֹן," אָמְרָה לוֹ אִמּוֹ, "אֲנַחְנוּ יוֹצְאִים הַחוּצָה."
"בֶּאֱמֶת?! **הַחוּצָה?**" לוֹן-לוֹן הִתְעוֹרֵר בְּבַת אַחַת וּמִהֵר לָצֵאת מִן הַמְּחִלָּה, אֶל הָעוֹלָם הַגָּדוֹל.

Lon-Lon and his brothers were born about a month earlier, inside a burrow dug by their parents. Since then, the cubs had never left their burrow.
At last, the big night had come. Mom and Dad decided that Lon-Lon, his brother and his sister, were now big enough to go and play outside.

Lon-Lon was amazed as he looked around. “I had no idea the world is so wide and beautiful.”
Near the burrow he saw a big acacia tree, and around it soft sand dunes, all the way to the horizon.
Far, far away, at the end of the world, he saw the sun set, sending its last rays, which coloured the sky and the desert in gold.
His brother and sister played in the soft sand. Mom looked at them proudly,
while Dad stood and watched over the family. His big ears moved from side to side as he listened carefully to every little sound.

לוֹן-לוֹן וְאֶחָיו נוֹלְדוּ לִפְנֵי חֹדֶשׁ בְּעֵרֶךְ בְּתוֹךְ מְחִלָּה שֶׁחָפְרוּ הַהוֹרִים.
מֵאָז שֶׁנּוֹלְדוּ לֹא יָצְאוּ הַגּוּרִים מִפֶּתַח הַמְּחִלָּה.
וְסוֹף סוֹף הִגִּיעַ הַלַּיְלָה הַגָּדוֹל. אִמָּא וְאַבָּא הֶחְלִיטוּ שֶׁלּוֹן-לוֹן, אָחִיו וַאֲחוֹתוֹ מַסְפִּיק גְּדוֹלִים וִיכוֹלִים לָצֵאת וּלְשַׂחֵק בַּחוּץ.

לוֹן-לוֹן הִבִּיט סְבִיבוֹ בְּפְלִיאָה. ״לֹא יָדַעְתִּי שֶׁהָעוֹלָם כָּל כָּךְ גָּדוֹל וְיָפֶה.״
לְיַד הַמְּחִלָּה רָאָה עֵץ שִׁטָּה גָּדוֹל, וְסָבִיב – חוֹלוֹת עַד הָאֹפֶק.
רָחוֹק-רָחוֹק, בְּסוֹף הָעוֹלָם, רָאָה אֶת הַשֶּׁמֶשׁ שׁוֹקַעַת, שׁוֹלַחַת קַרְנַיִם אַחֲרוֹנוֹת, הַצּוֹבְעוֹת אֶת הַשָּׁמַיִם וְהַמִּדְבָּר בְּזָהָב.
אָחִיו וַאֲחוֹתוֹ שֶׁל לוֹן-לוֹן הִשְׁתּוֹבְבוּ בַּחוֹל הָרַךְ. אִמָּא הִבִּיטָה בָּהֶם בְּגַאֲוָה.
אַבָּא עָמַד וְשָׁמַר עַל הַמִּשְׁפָּחָה. אָזְנָיו הַגְּדוֹלוֹת נָעוּ לַצְּדָדִים וְהִקְשִׁיבוּ הֵיטֵב לְכָל רַחַשׁ.

Suddenly, Lon-Lon noticed a strange creature.

The creature was very small, and it jumped very high on its long hind legs.

"Who are you?" Lon-Lon asked, curiously. The little creature turned around, looked at Lon-Lon, and panicked.

He hurriedly hopped away with huge jumps.

"Wait a minute, don't go away!" Lon-Lon called and began running after him.

But the creature kept escaping and Lon-Lon continued to follow him, as he wanted so much to get to know the jumping creature.

Soon, little Lon-Lon felt tired from running so much, and the jumping creature slipped away and disappeared.

פִּתְאֹם רָאָה לוֹן-לוֹן יְצוּר מְשֻׁנֶּה.
הַיְצוּר הָיָה קָטָן, הָיוּ לוֹ רַגְלַיִם אֲחוֹרִיּוֹת אֲרֻכּוֹת,
וְהוּא קָפֵץ עֲלֵיהֶן גָּבוֹהַּ מְאֹד.
"מִי אַתָּה?" שָׁאַל לוֹן-לוֹן בְּסַקְרָנוּת. הַיְצוּר הַקָּטָן
הִסְתּוֹבֵב, הִבִּיט בְּלוֹן-לוֹן וְנִבְהַל.
הוּא הֵחֵל לְהִתְרַחֵק בִּמְהִירוּת בְּנִתּוּרִים גְּדוֹלִים.
"חַכֵּה רֶגַע, אַל תִּבְרַח!" קָרָא לוֹן-לוֹן
וְהֵחֵל לָרוּץ בְּעִקְבוֹתָיו.
אַךְ הַיְצוּר הִמְשִׁיךְ לְהִתְרַחֵק וְלוֹן-לוֹן רָץ אַחֲרָיו,
רָץ וְרָץ, הוּא כָּל כָּךְ רָצָה לְהַכִּיר אֶת הַיְצוּר הַקַּפְצָנִי.
לוֹן-לוֹן הַקָּטָן הֵחֵל לְהִתְעַיֵּף מִן הָרִיצָה,
וְהַיְצוּר הַמְקַפֵּץ חָמַק וְנֶעְלַם מֵעֵינָיו.

"He knows how to jump, doesn't he?" Lon-Lon heard someone ask.
Lon-Lon turned around toward the sound and saw a strange animal that had many thorns growing on its back.
"Who are you?" Lon-Lon asked.
"Pleased to meet you. I am Hogo, the desert hedgehog," he answered.
"And I am Lon-Lon. Perhaps you know who the jumping creature was?"
"That was a jerboa. It is very difficult to catch a jerboa."

"הוּא קוֹפֵץ יָפֶה מְאֹד, נָכוֹן?" שָׁמַע לְפֶתַע לוֹן-לוֹן מִישֶׁהוּ שׁוֹאֵל.
לוֹן-לוֹן הִסְתּוֹבֵב לְכִוּוּן הַקּוֹל וְרָאָה מוּלוֹ חַיָּה מְשֻׁנָּה, שֶׁקּוֹצִים רַבִּים צוֹמְחִים עַל גַּבָּהּ.
"מִי אַתָּה?" שָׁאַל לוֹן-לוֹן.
"נָעִים מְאֹד, אֲנִי פּוֹדִי, קִפּוֹד הַמִּדְבָּר," הֵשִׁיב.
"וַאֲנִי לוֹן-לוֹן. אוּלַי אַתָּה יוֹדֵעַ מִי הָיָה הַיְצוּר הַמְקַפֵּץ?"
"זֶה הָיָה יַרְבּוֹעַ, קָשֶׁה מְאֹד לִתְפֹּס יַרְבּוֹעַ."

"But why did the jerboa run away from me?" asked Lon-Lon.
"Don't you know?" Hogo was surprised. "The jerboa was scared of you, since sand foxes eat small animals like jerboas. Everybody knows that."
"What? He thought I wanted to eat him? I just wanted to play with him!"
"That's the way things are," said Hogo. "You are still little and have a lot to learn."
"I am not little," Lon-Lon said, feeling offended. "Today I was even allowed to go outside the burrow!"
"And where is your burrow?" Hogo asked.
Lon-Lon looked around, and suddenly felt really scared.
He couldn't see the burrow, and he couldn't see Mom and Dad.

"אֲבָל לָמָּה הַיַּרְבּוּעַ בָּרַח מִמֶּנִּי?" שָׁאַל לוֹן-לוֹן.
"אַתָּה לֹא יוֹדֵעַ?" הִתְפַּלֵּא פּוֹדִי. "הַיַּרְבּוּעַ פָּחַד מִמְּךָ, מִפְּנֵי שֶׁשּׁוּעַל הַחוֹלוֹת אוֹכֵל חַיּוֹת קְטַנּוֹת כְּמוֹ יַרְבּוּעִים. כֻּלָּם יוֹדְעִים אֶת זֶה."
"מָה? הוּא חָשַׁב שֶׁאֲנִי רוֹצֶה לֶאֱכֹל אוֹתוֹ? אֲנִי רַק רָצִיתִי לְשַׂחֵק!"
"כָּכָה זֶה," עָנָה פּוֹדִי. "אַתָּה עוֹד קָטָן, יֵשׁ לְךָ מַה לִּלְמֹד."
"אֲנִי לֹא קָטָן," נֶעֱלַב לוֹן-לוֹן. "הַיּוֹם אֲפִלּוּ הִרְשׁוּ לִי לָצֵאת מֵהַמְּחִלָּה!"
"וְאֵיפֹה הַמְּחִלָּה שֶׁלְּךָ?" שָׁאַל פּוֹדִי.
לוֹן-לוֹן הִבִּיט סָבִיב וּפִתְאֹם נִבְהַל נוֹרָא.
הוּא לֹא רָאָה אֶת הַמְּחִלָּה, וְלֹא רָאָה אֶת אִמָּא וְאַבָּא.

Lon-Lon realized that while chasing the jerboa, he had wandered far from home.
Only now did he notice that night had come.
A big silver moon cast a gentle light over the desert, the sand, the rocks and the bushes.
"I don't know where the burrow is," said Lon-Lon, feeling so lonely. A tear rolled down his cheek.
"I understand you are lost," said Hogo. " Well, don't cry.
I have a friend who knows everybody who lives in this area.
He will surely know where the burrow is."
Lon-Lon followed Hogo the hedgehog. They walked until they arrived at a tree.
"My friend should be here," said Hogo and started to call out loud: "Eary! Eary!"

לוֹן-לוֹן הֵבִין שֶׁכַּאֲשֶׁר רָדַף אַחֲרֵי הַיַּרְבּוֹעַ הִתְרַחֵק מְאֹד מִבֵּיתוֹ.
רַק עַכְשָׁו הוּא שָׂם לֵב שֶׁהַלַּיְלָה כְּבָר יָרַד.
יָרֵחַ גָּדוֹל וְכָסוּף הֵאִיר אֶת הַמִּדְבָּר, הַחוֹלוֹת, הַסְּלָעִים וְהַשִּׂיחִים.
"אֲנִי לֹא יוֹדֵעַ אֵיפֹה הַמְּחִלָּה," אָמַר לוֹן-לוֹן וְהִרְגִּישׁ פִּתְאֹם נוֹרָא לְבַד. דִּמְעָה נָשְׁרָה עַל לֶחְיוֹ.
"אֲנִי מֵבִין שֶׁהָלַכְתָּ לְאִבּוּד," אָמַר פּוֹדִי. "טוֹב, אַל תִּבְכֶּה.
יֵשׁ לִי חָבֵר שֶׁמַּכִּיר אֶת כָּל מִי שֶׁגָּר בַּסְּבִיבָה. הוּא בֶּטַח יֵדַע אֵיפֹה הַמְּחִלָּה."
לוֹן-לוֹן הָלַךְ בְּעִקְבוֹת פּוֹדִי הַקִּפּוֹד. הֵם הָלְכוּ עַד שֶׁהִגִּיעוּ לְעֵץ.
"הֶחָבֵר שֶׁלִּי צָרִיךְ לִהְיוֹת כָּאן," אָמַר פּוֹדִי וְהֵחֵל לִקְרֹא בְּקוֹל: "אָזְנִי! אָזְנִי!"

"Hello Hogo, over here!" They heard a voice calling from the branches above.
"Let me introduce you," said Hogo. "This is Lon-Lon the sand fox, and this is Eary, the long-eared bat."
Lon-Lon looked at Eary and understood why he was called by that name: Eary had enormous ears!
Eary, the bat, looked a little funny. He was hanging upside down:
His legs up – holding to the branch, and his head – down.
The hedgehog told Eary that Lon-Lon was lost and looking for his burrow.
"Hmm…" the bat thought, "The burrow of the foxes. Aha! The burrow next to the big acacia tree?"
"Exactly!" called Lon-Lon, joyfully.
"Do you see the hill over there?" Eary pointed out with his wing.
Lon-Lon looked anxiously into the distance until he saw the hill, far, far away.
"Climb over the hill, and on the other side you will see your burrow."
"Thank you, Eary!" said Lon-Lon.

"שָׁלוֹם פּוֹדִי, אֲנִי כָּאן!" שָׁמְעוּ קוֹל מִבֵּין הָעֲנָפִים.
"תַּכִּירוּ, בְּבַקָּשָׁה," אָמַר פּוֹדִי. "זֶה לוֹן-לוֹן הַשּׁוּעָלוֹן, וְזֶה אָזְנִי. אָזְנִי הוּא עֲטַלֵּף אָזְנָן."
לוֹן-לוֹן הִבִּיט בְּאָזְנִי, וְהֵבִין מַדּוּעַ קוֹרְאִים לוֹ כָּךְ: לְאָזְנִי הָיוּ אָזְנַיִם עֲנָקִיּוֹת!
הָעֲטַלֵּף אָזְנִי הָיָה קְצָת מַצְחִיק, הוּא הָיָה תָּלוּי בְּמְהֻפָּךְ: רַגְלָיו לְמַעְלָה – אוֹחֲזוֹת בֶּעָנָף, וְרֹאשׁוֹ – לְמַטָּה.
הַקִּפּוֹד סִפֵּר לְאָזְנִי שֶׁלּוֹן-לוֹן הָלַךְ לְאִבּוּד וְהוּא מְחַפֵּשׂ אֶת הַמְּחִלָּה שֶׁלּוֹ.
"הַמְמְ..." חָשַׁב הָעֲטַלֵּף, "הַמְּחִלָּה שֶׁל הַשּׁוּעָלִים. אָהּ! הַמְּחִלָּה שֶׁלְּיַד עֵץ הַשִּׁטָּה הַגָּדוֹל?"
"בְּדִיּוּק!" קָרָא לוֹן-לוֹן בְּשִׂמְחָה.
"אַתָּה רוֹאֶה שָׁם אֶת הַגִּבְעָה?" הִצְבִּיעַ אָזְנִי בִּכְנָפוֹ.
לוֹן-לוֹן אִמֵּץ אֶת עֵינָיו עַד שֶׁהִבְחִין רָחוֹק-רָחוֹק בַּגִּבְעָה.
"טַפֵּס עַל הַגִּבְעָה, וּמֵעֶבְרָהּ הַשֵּׁנִי תִּרְאֶה אֶת הַמְּחִלָּה שֶׁלְּךָ."
"תּוֹדָה, אָזְנִי!" אָמַר לוֹן-לוֹן.

"You know, Lon-Lon," said Eary, "we are a bit similar."
Lon-Lon was surprised. "Not at all! I can't stand upside down and I don't even have wings!"
Eary smiled. "I mean the ears. We both have very big ears."
"It's true, I'll say," Lon-Lon laughed, "We are a bit alike."
"Safe journey!" said Eary and flew on his way.
"Take care," said Hogo and waved him goodbye.

Lon-Lon continued to walk alone. He missed his home so much.
He walked and walked and got very tired; his legs hurt.
Finally he arrived at the bottom of the hill and started to climb up.
But then Lon-Lon heard a scary sound behind him– swoosh!

"אַתָּה יוֹדֵעַ, לוֹן־לוֹן," אָמַר אָזְנִי, "אֲנַחְנוּ קְצָת דּוֹמִים."
לוֹן־לוֹן הִתְפַּלֵּא מְאֹד. "מַה פִּתְאֹם! אֲנִי לֹא יוֹדֵעַ לַעֲמֹד עִם הָרֹאשׁ לְמַטָּה וְאֵין לִי אֲפִלּוּ כְּנָפַיִם!"
אָזְנִי חִיֵּךְ. "אֲנִי מִתְכַּוֵּן לָאָזְנַיִם. לִשְׁנֵינוּ אָזְנַיִם נוֹרָא גְּדוֹלוֹת..."
"נָכוֹן, בְּחַיַּי," צָחַק לוֹן־לוֹן, "אֲנַחְנוּ קְצָת דּוֹמִים."
"דֶּרֶךְ צְלֵחָה!" אָמַר אָזְנִי וְהִתְעוֹפֵף לְדַרְכּוֹ.
"שְׁמֹר עַל עַצְמְךָ," נִפְרַד מִמֶּנּוּ פּוֹדִי וְנוֹפֵף לוֹ לְשָׁלוֹם.

לוֹן־לוֹן הִמְשִׁיךְ לְבַד בְּדַרְכּוֹ. הוּא כָּל כָּךְ הִתְגַּעְגֵּעַ הַבַּיְתָה.
הוּא הָלַךְ וְהָלַךְ וּכְבָר הָיָה עָיֵף נוֹרָא וְרַגְלָיו כָּאֲבוּ.
לְבַסּוֹף הִגִּיעַ אֶל הַגִּבְעָה וְרָצָה לְהַתְחִיל לְטַפֵּס.
אֲבָל אָז שָׁמַע לוֹן־לוֹן רַחַשׁ מוּזָר מֵאֲחוֹרָיו – סְווּוּשׁ!

Startled, Lon-Lon turned around and, out of the dark sky, he saw a huge bird swooping down toward him.
The bird looked very threatening with its gleaming orange eyes and huge claws, which were reaching out to snatch him.
“MOMMY!” Lon-Lon shouted. For a moment he froze in fear, not knowing what to do.
But then he decided he mustn’t give up and he thought: “I am very fast. I can escape.”
He ran as fast as he could without stopping to look back.

לוֹן-לוֹן פָּנָה לְאָחוֹר. מִתּוֹךְ הַשָּׁמַיִם הַשְּׁחֹרִים הִתְקָרְבָה בִּמְהִירוּת צִפּוֹר עֲנָקִית.
הָיוּ לָהּ עֵינַיִם גְּדוֹלוֹת בְּצֶבַע כָּתֹם וְצִפָּרְנַיִם מַפְחִידוֹת.
"אִמָּא!" צָעַק לוֹן-לוֹן. לְרֶגַע, קָפָא בְּפַחַד וְלֹא יָדַע מַה לַּעֲשׂוֹת.
אֲבָל אָז הֶחְלִיט שֶׁאָסוּר לוֹ לְוַתֵּר וְהוּא חָשַׁב לְעַצְמוֹ: 'אֲנִי זָרִיז מְאֹד, אֲנִי אַצְלִיחַ לִבְרֹחַ.'
הוּא רָץ בְּכָל כֹּחוֹ וְלֹא עָצַר אַף לְרֶגַע.

Then he saw someone inviting him into a gap in the rocks.
Lon-Lon heard the sound of bird wings getting closer and closer,
and right at the last minute he managed to get inside the gap and hide.
Lon-Lon was terrified.

וְאָז רָאָה שֶׁמִּישֶׁהוּ מַזְמִין אוֹתוֹ לְהִכָּנֵס לְפֶתַח בֵּין הַסְּלָעִים.
לוֹן-לוֹן שָׁמַע אֶת רִשְׁרוּשׁ כַּנְפֵי הַצִּפּוֹר מִתְקָרֵב וּמִתְקָרֵב,
וּמַמָּשׁ בָּרֶגַע הָאַחֲרוֹן הִסְפִּיק לְהִכָּנֵס לַפֶּתַח וּלְהִסְתַּתֵּר.
לוֹן-לוֹן הָיָה מְבֹהָל כָּל כָּךְ.

"Hello to you. I am the rocks hyrax."
Lon-Lon still couldn't relax and could hardly smile at the nice hyrax.
"Well done, little fox. You escaped from the eagle owl. The eagle owl is a very dangerous bird."
"I am not little," Lon-Lon said in a weak voice. "Tell me, why did the eagle owl chase me?"
The hyrax looked at Lon-Lon and said: "The eagle owl eats animals like foxes and hyraxes."
"Oh, no!" cried Lon-Lon. "I want to go home!"

The hyrax stretched his arms and Lon-Lon noticed that he looked sleepy.
"Did you sleep just now? Do you sleep at night?" Lon-Lon asked.
The hyrax smiled. "Yes, we hyraxes sleep at night and are awake during the day, quite the opposite of sand foxes." The hyrax took a peep outside to make sure that the eagle owl was gone, then he said: "Come with me. I will walk you home."

"שָׁלוֹם, אֲנִי שְׁפַן הַסְּלָעִים."
לוֹן-לוֹן עֲדַיִן לֹא נִרְגַּע וּבְקֹשִׁי הִצְלִיחַ לְחַיֵּךְ לַשָּׁפָן הֶחָבִיב.
"כָּל הַכָּבוֹד, שׁוּעָל קָטָן. הִצְלַחְתָּ לִבְרֹחַ מִפְּנֵי הָאֹחַ. זוֹהִי צִפּוֹר מְסֻכֶּנֶת מְאֹד."
"אֲנִי לֹא קָטָן," אָמַר לוֹן-לוֹן בְּקוֹל חַלָּשׁ. "וּבִכְלָל, מַדּוּעַ הָאֹחַ רָדַף אַחֲרַי?"
הַשָּׁפָן הִבִּיט בְּלוֹן-לוֹן וְאָמַר: "הָאֹחַ זוֹהִי צִפּוֹר שֶׁטּוֹרֶפֶת חַיּוֹת כְּמוֹ שׁוּעָלִים וּשְׁפַנִּים."
"הוֹ, לֹא!" קָרָא לוֹן-לוֹן. "אֲנִי רוֹצֶה הַבַּיְתָה!"

הַשָּׁפָן הִתְמַתַּח וְלוֹן-לוֹן שָׂם לֵב שֶׁהוּא נִרְאֶה מְנֻמְנָם.
"מָה, יָשַׁנְתָּ עַכְשָׁו? יָשַׁנְתָּ בַּלַּיְלָה?" שָׁאַל לוֹן-לוֹן.
הַשָּׁפָן חִיֵּךְ. "כֵּן, אֲנַחְנוּ הַשְּׁפַנִּים יְשֵׁנִים בַּלַּיְלָה וְעֵרִים בַּיּוֹם, בְּדִיּוּק הַהֵפֶךְ מִשּׁוּעֲלֵי הַחוֹלוֹת."
הַשָּׁפָן הֵצִיץ הַחוּצָה כְּדֵי לִבְדֹּק שֶׁהָאֹחַ כְּבָר הִתְרַחֵק, וְאָז אָמַר: "בּוֹא אִתִּי. אֲלַוֶּה אוֹתְךָ הַבַּיְתָה."

Lon-Lon and the hyrax climbed up the hill.
When they reached the hilltop Lon-Lon saw a strange sight.
At the end of the world, far, far away, in the place where the earth meets the sky,
a thin strip of light appeared.
Lon-Lon looked with amazement at the growing strip of light. “What is that?”
The hyrax smiled. “Don’t you know? This is the sunrise.”
Lon-Lon and the hyrax stood on the hilltop and watched the sun come up.
When the sky had lit up, Lon-Lon saw right in front of him the familiar acacia tree!
“I AM HOME!” he called gladly and started running down the hill.
“Good bye, Lon-Lon”, called the hyrax.

לוֹן-לוֹן וְהַשָּׁפָן טִפְּסוּ בְּמַעֲלֵה הַגִּבְעָה.
כְּשֶׁהִגִּיעוּ לְמַעְלָה רָאָה לוֹן-לוֹן מַרְאֶה מוּזָר.
מַמָּשׁ בְּסוֹף הָעוֹלָם, רָחוֹק-רָחוֹק, בַּמָּקוֹם שֶׁבּוֹ נִפְגָּשִׁים הָאֲדָמָה וְהַשָּׁמַיִם, נִפְתַּח לְפֶתַע פַּס דַּק שֶׁל אוֹר.
לוֹן-לוֹן הִתְבּוֹנֵן בְּתַדְהֵמָה בַּפַּס שֶׁהָלַךְ וְהִתְרַחֵב. "מַה זֶּה?"
הַשָּׁפָן חִיֵּךְ. "אֵינְךָ יוֹדֵעַ? הֲרֵי זֶה בָּרוּר כַּשֶּׁמֶשׁ! זוֹהִי הַזְּרִיחָה."
לוֹן-לוֹן וְהַשָּׁפָן עָמְדוּ בִּקְצֵה הַגִּבְעָה וְהִבִּיטוּ בַּשֶּׁמֶשׁ הָעוֹלָה.
כַּאֲשֶׁר הִתְבַּהֲרוּ הַשָּׁמַיִם, רָאָה לוֹן-לוֹן מַמָּשׁ מוּלוֹ אֶת עֵץ הַשִּׁטָּה הַמֻּכָּר!
"הִגַּעְתִּי הַבַּיְתָה!" קָרָא בְּשִׂמְחָה וְהֵחֵל לָרוּץ בְּמוֹרַד הַגִּבְעָה.
"לְהִתְרָאוֹת, לוֹן-לוֹן!" נִפְרַד מִמֶּנּוּ הַשָּׁפָן.

At the entrance of the burrow waited Mom and Dad.
"Mom! Dad! I am here!" shouted Lon-Lon.
"Lon-Lon dear. I was so worried about you," said Mom and licked his face with love.
Lon-Lon's Dad looked at him and said: "You went far away without permission."
"I didn't mean to get that far away," Lon-Lon looked down,
"I only wanted to play with the jerboa, and he escaped."
"You know," Dad continued, "it is very dangerous for a little cub like you to go out on his own at night."
"Yes, I know," Lon-Lon answered. "The big eagle owl tried to catch me."
"Eagle owl?" Mom got scared. "Oh dear!"
"But he didn't catch me. I ran as fast as I could…"
"Lon-Lon," said Dad, "I am angry, but I love you. You are a brave little fox."
"I am not little…" Lon-Lon looked up and smiled.

בְּפֶתַח הַמְּחִלָּה חִכּוּ לוֹ אִמָּא וְאַבָּא.
"אִמָּא! אַבָּא! אֲנִי כָּאן!" צָעַק לוֹן-לוֹן.
"לוֹן-לוֹן חָמוּד. כָּל כָּךְ דָּאַגְתִּי לְךָ," אָמְרָה אִמָּא וְלִקְקָה אֶת פָּנָיו בְּאַהֲבָה.
אָבִיו שֶׁל לוֹן-לוֹן הִבִּיט בּוֹ וְאָמַר: "הִתְרַחַקְתָּ מִן הַמְּחִלָּה לְלֹא רְשׁוּת."
"לֹא הִתְכַּוַּנְתִּי לְהִתְרַחֵק, "לוֹן-לוֹן הִשְׁפִּיל אֶת רֹאשׁוֹ, "רַק רָצִיתִי לְשַׂחֵק עִם הַיַּרְבּוֹעַ וְהוּא בָּרַח."
"אַתָּה יוֹדֵעַ," הִמְשִׁיךְ הָאָב, "מְסֻכָּן מְאֹד לְגוּר קָטָן כָּמוֹךָ לְהִסְתּוֹבֵב לְבַדּוֹ בַּלַּיְלָה."
"כֵּן, אֲנִי יוֹדֵעַ," עָנָה לוֹן-לוֹן. "הָאֹחַ הַגָּדוֹל נִסָּה לִתְפֹּס אוֹתִי."
"אֹחַ?" נִבְהֲלָה אִמּוֹ שֶׁל לוֹן-לוֹן. "אוֹי וַאֲבוֹי!"
"אֲבָל הוּא לֹא הִצְלִיחַ לִתְפֹּס אוֹתִי. רַצְתִּי מַהֵר מַהֵר..."
"לוֹן-לוֹן," אָמַר הָאָב, "אֲנִי כּוֹעֵס, אֲבָל אֲנִי אוֹהֵב אוֹתְךָ. אַתָּה שׁוּעָל קָטָן וְאַמִּיץ."
"אֲנִי לֹא קָטָן..." לוֹן-לוֹן הֵרִים אֶת רֹאשׁוֹ וְחִיֵּךְ.

He went inside the burrow and met his brother and sister.
"Where have you been all night?" "How did you return? Tell us!"
"I am so tired," Lon-Lon yawned. "I want to go to sleep. I will tell you all about it tomorrow."

He lay down on the sand, curled his big tail around his body like a thick blanket,
and fell asleep.

הוּא נִכְנַס לַמְּחִלָּה וּפָגַשׁ שָׁם אֶת אָחִיו וַאֲחוֹתוֹ.
"אֵיפֹה הָיִיתָ כָּל הַלַּיְלָה?" "אֵיךְ הִגַּעְתָּ? סַפֵּר לָנוּ!"
"אֲנִי נוֹרָא עָיֵף," פִּהֵק לוֹן-לוֹן. "אֲנִי רוֹצֶה לִישֹׁן. מָחָר אֲסַפֵּר לָכֶם הַכֹּל."

הוּא נִשְׁכַּב עַל הַחוֹל, כָּרַךְ אֶת זְנָבוֹ הַגָּדוֹל סְבִיב גּוּפוֹ כְּמוֹ שְׂמִיכָה עָבָה, וְנִרְדַּם.